Quiero Ser Mecánico

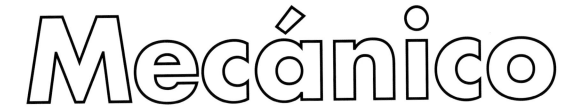

QUIERO SER
Mecánico

DAN LIEBMAN

FIREFLY BOOKS

A FIREFLY BOOK

Published by Firefly Books Ltd. 2003

Primera edición

**Publisher Cataloging-in-Publication Data (U.S.)
(Library of Congress Standards)**

Liebman, Dan.
    Quiero ser mecanico / Dan Liebman.
1st ed. in Spanish.
[24] p. : col. photos. ; cm. – (I want to be – Spanish language ed.)
Originally published in English as: I want to be a mechanic, 2003.
Summary : Photographs and easy-to-read text describe the job of a mechanic.
ISBN 1-55297-728-5
1. Mechanics – Vocational guidance. 2. Occupations. I. I want to be a mechanic. II. Title. II. Series.

331.124162 21   HD8039.M43.L54   2003

Published in the United States in 2003 by
Firefly Books (U.S.) Inc.
P.O. Box 1338, Ellicott Station
Buffalo, New York, USA, 14205

**National Library of Canada Cataloguing in
Publication Data**

Liebman, Daniel
    Quiero ser mecanico / Dan Liebman.
Translation of: I want to be a mechanic.
ISBN 1-55297-728-5
1. Mechanics (Persons)—Juvenile literature. I. Title.

TJ157.L5318 2003   j621.8'16'023   C2003-900148-2

Published in Canada in 2003 by
Firefly Books Ltd.
3680 Victoria Park Avenue
Toronto, Ontario, Canada, M2H 3K1

Photo Credits

© AP Photo/Ed Andrieski, page 13

© AP Photo/Kevin Glackmeyer, page 21

© AP Photo/The Tennesseean, Randy Piland, page 8

© AP Photo/Waterloo Courier, Sarah Schutt, page 9, back cover

© Mark Dixon/BongoPhoto, pages 7, 22

© MediaFocus International, LLC, pages 12, 19, 20

© Francisco J. Rangel, front cover

© Stone/Michael Rosenfeld, pages 16-17

© Weststock, page 18

© George Walker/Firefly Books, pages 5, 6, 10-11, 14, 15, 23, 24

The author and publisher would like to thank:

Nash Garage Ltd., Toronto

Canadian Tire (Danforth Ave.), Toronto

Ideal Bike Inc. (Maggie Anderson), Toronto

Khan & Sons Garage, Toronto

Deseño de Interrobang Graphic Design Inc.
Impreso y encuadernado en Canadá por Friesens, Altona, Manitoba

El editor agradece el apoyo financiero del Gobierno de Canadá, a través del Programa de ayuda al desarrollo de la industria editorial, para sus actividades editoriales.

Las máquinas tienen muchas piezas. Los mecánicos trabajan con distintos tipos de máquinas.

Los mecánicos se cercioran de que las máquinas funcionen bien.

Ellos arreglan las máquinas que necesitan reparaciones.

Los mecánicos de automóviles tienen que saber cómo funcionan las distintas marcas y modelos.

La mecánica ayuda a mantener al automóvil en condiciones seguras para conducir.

A veces, el mecánico debe revisar la parte inferior del automóvil. Este automóvil está montado en una plataforma.

A los mecánicos les gusta
trabajar con las manos.

Los buenos mecánicos pueden averiguar bastantes cosas usando sus ojos y su oído.

Existen distintos tipos de mecánicos. Los mecánicos de bicicletas se cercioran de que tu bicicleta esté en buen estado.

Para la reparación de camiones se requiere de mecánicos. También son necesarios para reparar las motocicletas, las máquinas de cortar el césped y los tractores.

Los mecánicos usan distintas herramientas para cada trabajo. Tanto los destornilladores como los alicates y las herramientas eléctricas son importantes.

Una computadora ayuda a detectar dónde está el problema. Los mecánicos aprenden yendo a la escuela y en el trabajo.

Este mecánico de aviones revisa hasta las cosas más pequeñas.

Los mecánicos disfrutan trabajando juntos y aprendiendo uno del otro.

¡La seguridad es importante para todos! Este mecánico usa gafas para proteger sus ojos.

El mecánico revisa todo de nuevo para verificar que el automóvil esté en buen estado. Luego, lo conducirá para probarlo en el camino.

El automóvil ya está listo. El mecánico explica las reparaciones. Se asegura de que el cliente quede satisfecho.

¡Es un trabajo muy atareado! Pero los mecánicos siempre se sienten felices cuando saben que han resuelto el problema.